BEI GRIN MACHT SICH IHR WISSEN BEZAHLT

- Wir veröffentlichen Ihre Hausarbeit, Bachelor- und Masterarbeit

- Ihr eigenes eBook und Buch - weltweit in allen wichtigen Shops

- Verdienen Sie an jedem Verkauf

Jetzt bei www.GRIN.com hochladen und kostenlos publizieren

Grundlagen der Persönlichkeits- und Sozialpsychologie. Kovariationsmodell, Attributionsfehler, Sensation Seeking

Bibliografische Information der Deutschen Nationalbibliothek:

Die Deutsche Nationalbibliothek verzeichnet diese Publikation in der Deutschen Nationalbibliografie; detaillierte bibliografische Daten sind im Internet über http://dnb.d-nb.de abrufbar.

ISBN: 9783346402769
Dieses Buch ist auch als E-Book erhältlich.

© GRIN Publishing GmbH
Nymphenburger Straße 86
80636 München

Alle Rechte vorbehalten

Druck und Bindung: Books on Demand GmbH, Norderstedt Germany
Gedruckt auf säurefreiem Papier aus verantwortungsvollen Quellen

Das vorliegende Werk wurde sorgfältig erarbeitet. Dennoch übernehmen Autoren und Verlag für die Richtigkeit von Angaben, Hinweisen, Links und Ratschlägen sowie eventuelle Druckfehler keine Haftung.

Das Buch bei GRIN: https://www.grin.com/document/1011226

Sonderprüfung / Einsendeaufgabe

Persönlichkeits- und Sozialpsychologie

Alternative A

Abgegeben am: 19.02.2021

SRH Fernhochschule

Modul: Persönlichkeits- und Sozialpsychologie

Studiengang: Wirtschaftspsychologie, Leadership & Management (M.Sc.)

Inhaltsverzeichnis

Abkürzungsverzeichnis 3

Tabellenverzeichnis 4

Vermerk 5

1   Aufgabe 1 6

2   Aufgabe 2 12

3   Aufgabe 3 18

Literaturverzeichnis 22

Abkürzungsverzeichnis

AC   Assessment Center

bzw. beziehungsweise

ggf. gegebenenfalls

S.   Seite

Tabellenverzeichnis

Tabelle 1: Zusammenspiel der drei Informationsarten des
Kovariationsmodells.. 9

Vermerk

In dieser Arbeit wird aus Gründen der besseren Lesbarkeit das generische Maskulinum verwendet. Weibliche und anderweitige Geschlechteridentitäten werden dabei ausdrücklich mitgemeint, soweit es für die Aussage erforderlich ist.

1 Aufgabe 1

Im nachfolgenden Abschnitt sollen auf den Begriff der Attributionen (Attribuierung) kurz eingegangen und das Kovariationsmodell von Kelley beschrieben werden. Dies soll auf den Sachverhalt angewendet werden, wie, im Rahmen von Assessment Centern, Beobachter Vermutungen über die Ursachen des jeweiligen Verhaltens von Teilnehmern vornehmen. Darauf aufbauend werden im Anschluss die drei verschiedenen Informationsarten, die Beobachter für die Ursachenzuschreibung auf die Person, die Situation oder die besonderen Umstände nutzen, anhand eines Beispiels erläutert.

Assessment Center sind zu einem festen Bestandteil von Personalauswahl und Personalentwicklung geworden (Paschen et al., 2013, S. 15). Als Variable innerhalb dieses Prozesses findet sich der „Faktor Mensch", der keinen unwesentlichen Einfluss auf Erfolg oder Misserfolg bei diesem Prozess haben kann, denn einen Kandidaten zu bewerten, einzuschätzen und dabei objektiv vorzugehen ist eine Herausforderung. Der Sozialpsychologe und Pionier der Eindrucksbildung, Solomon Elliot Asch schrieb zu der Beobachtung von Mitmenschen folgendes: „We look at a person and immediately a certain impression of his character forms itself in us. A glance, a few spoken words are sufficient to tell us a story about a highly complex matter" (1946).

Im Bewerbungsverfahren lassen sich biografieorientierte, konstruktorientierte und simulationsorientierte Instrumente unterscheiden (Nerdinger, Blickle & Schaper, 2014, S. 244). Assessment Center (AC) zählen dabei zu simulations-orientierten Instrumenten und umfassen dabei verschiedene verhaltensorientierte Aufgabenstellungen, wobei Personen (z.B. Bewerber) von geschulten unabhängigen Beobachtern hinsichtlich festgelegter Kriterien und mehrerer Anforderungsdimensionen bewertet und eingeschätzt werden. Innerhalb eines ACs können unter anderem mündliche Präsentationen, Rollenspiele und Gruppendiskussionen zum Einsatz kommen (Paschen et al., 2013, S. 15). Ziel dieses Beurteilungsverfahrens ist es durch die Beobachtung von Leistung und Verhalten von Teilnehmern „[...] Rückschlüsse auf Kompetenzen, Persönlichkeitseigenschaften und Potenziale [...]" zu ziehen (Paschen et al., 2013, S. 17). Die Herausforderung für die Beobachter besteht in der Gewährleistung von Gütekriterien wie Objektivität, Reliabilität, Validität und Fairness (Nerdinger, Blickle & Schaper, 2014, S. 220).

Allerdings sind auch die Beobachter bei ACs von Einschränkungen der menschlichen Wahrnehmung betroffen.

Soziale Wahrnehmung beschreibt den Prozess in dem Individuen, die Situation und das Verhalten anderer (Einzelpersonen oder Gruppen) zu verstehen und zu kategorisieren versuchen. Dieser Prozess der subjektiven Ursachenzuschreibung, sowohl des eigenen Handelns als auch das von Mitmenschen wird als Attribution bezeichnet. Diese beruhen immer auf Meinungen, Hypothesen und Überzeugungen, aufgrund der Tatsache, dass die Realität von einem Individuum niemals vollständig und objektiv erfasst werden kann. Informationslücken werden automatisch mit Erfahrungen, Erinnerungen, sozialen Regeln, Normen und Werten ergänzt und werden dadurch zu einem Teil des alltäglichen individuellen Wahrnehmens und Handelns. Durch das „Füllen dieser Lücken" entstehen allerdings Fehler in der Attribution (Arnold, Eysenck & Meili, 1997, S. 169; Kelley, 1973, S. 107; Fischer & Wieswede, 2009, S. 257). Auf diese soll in Aufgabe zwei näher eingegangen werden.

Die Funktion von Attributionen liegt in der schnellen Informationsverarbeitung und der daraus entstehenden Ermöglichung eine aktive Vorhersage und Kontrolle über die soziale Umwelt zu erlangen (Parkinson, 2014, S. 76). Dies erfolgt meist unbewusst und automatisch unter anderem auf Grundlage von Selek-tions-mechanismen, um ein Individuum bei der Prüfung von komplexen Sachverhalten und Zusammenhängen zu unterstützen, um Ressourcen zu sparen. Jegliche Wahrnehmung wird damit zu etwas individuellem und somit selektiv und subjektiv (Hartung, 2006, S. 32; Schuhmacher, 2014, S. 99).

Attributionstheorien versuchen die Ursachenzuschreibung/Attributionen zu erklären, verständlich zu machen und darzulegen, welche Fehler bei diesem Prozess entstehen können. Sie beschäftigen sich mit der „Warum-Frage", bezogen auf das Urteil über die Ursachen des eigenen oder des Verhaltens anderer (Kelley, 1973, S. 107). Attributionstheorien versuchen darzulegen, wie Individuen, von beobachtetem Verhalten, auf die dahinterliegen Ursachen schließen. Eine abgeschlossene Attributionstheorie gibt es dabei nicht, es gibt einen konzeptionellen Rahmen für eine Gruppe verwandter Theorien und Modelle. Dabei sind immer der Prozess der Informationsaufnahme und die Verarbeitung selbiger, sowie die Beeinflussung von bestimmten Variablen, Gegenstand dieser Theorien.

Unterschied findet sich lediglich in der thematischen Fokussierung (Meyer & Schmalt, 1978, S. 98).

Der amerikanische Psychologe Herold H. Kelley entwickelte mit dem Kovariationsmodell eine der einflussreichsten Attributionstheorien. Dieses Modell knüpft an die Arbeiten von Fritz Heider an, auf die allerdings in dieser Arbeit nicht näher eingegangen werden soll. Im Kavariationsmodell wird angenommen, dass Individuen verschiedene Verhaltensweisen zu verschiedenen Zeiten und in unterschiedlichen Situationen abwägen, um eine Attribution vorzunehmen (Bierhoff & Frey, 2011, S. 155). Dabei können beim Analysieren von gezeigtem Verhalten, entweder Faktoren beobachtet werden, die konsistent mit dem Auftreten einhergehen und zum anderen Faktoren, bei denen dies nicht der Fall ist. Hieraus kann geschlussfolgert werden, welche Ursachen dem jeweiligen Verhalten zugrunde liegen könnte (Jonas, Stroebe & Hewstone, 2014, S. 75). Es ist nötig, das Ursachen und Informationen zusammenspielen, um die korrekten Attribution vornehmen zu können. Dafür müssen alle drei Informationsarten in Beziehung zueinander gesetzt werden können, da jede einer potenziellen Ursache (Person, Situation oder Objekt) entspricht (Bierhoff & Frey, 2011. S. 156; Jonas, Stroebe & Hewstone, 2014, S. 75). Die Informationen, die ein Urteil über ein Verhaltensergebnis, also die Ursache – Wirkung – Beziehung bestimmen, werden in diesem Modell in drei zentrale Arten eingeteilt:

- Distinktheit: Ist das Verhalten einer Reaktion auf einen spezifischen Stimulus?
- Konsensus: Reagieren andere Personen in derselben Situation in gleicher Weise?
- Konsistenz: Ist ein Verhalten auch in anderen vergleichbaren Situationen beobachtbar? (Stürmer, 2009, S. 40; Werth & Mayer, 2008, S. 136)

Durch die Ausprägungen „niedrig" und „hoch" ist es möglich eine Eingrenzung der drei Informationsarten vorzunehmen und zu unterscheiden, ob das Verhalten internal (sich selbst zuzuschreibend) oder external (anderen Personen oder den Umständen zuzuschreibend) attribuiert wird. Die **Distinktheit** sagt aus, inwieweit ein Effekt bei einer Person charakteristisch für einen Stimulus ist. Eine niedrige Distinktheit bedeutet, dass der Effekt bei sich stark ähnelnden Objekten auftritt (keine Kovariation). Eine hohe Distinktheit tritt auf, wenn der Effekt nur bei einem spezifischen Objekt aufritt und nicht bei anderen (Kovariation). Der **Konsensus** stellt die Frage, ob andere Personen in derselben Situation dasselbe Verhalten aufweisen. Dabei ist der Konsensus hoch, wenn die Reaktion nicht nur bei einer einzelnen beobachteten Person, sondern bei einer Vielzahl auftritt (keine Kovariation). Dritt die Reaktion nur bei einer einzigen Person auf, ist der Konsensus niedrig und weist somit eine Kovariation auf. Die **Konsistenz** beschreibt einen Effekt zu unterschiedlichen Zeitpunkten in identischen Situationen. Die Konsistenz ist dabei hoch, wenn das Verhalten über verschiedene Zeitpunkte hinweg gezeigt wird (keine Kovariation) und gering, wenn es nur zu wenigen Zeitpunkten auftritt und nicht zu anderen Zeitpunkten (Kovariation) (Stürmer, 2009, S. 40; Jonas Stroebe & Hewstone, 2014. S. 75).

Um eine korrekte Attribution vornehmen zu können, müssen die Ursachen und Informationsarten kombiniert betrachtet werden. Dabei entstehen idealtypische Muster (siehe nachfolgende Abbildung).

Ursache	Informationsart		
	Konsensus	Distinktheit	Konsistenz
Liegt die Ursache im Merkmal der Person?	niedrig	niedrig	hoch
Liegt die Ursache in den besonderen Umständen zu dem Zeitpunkt?	niedrig	hoch	niedrig
Liegt die Ursache im Gegenstand der Handlung?	hoch	hoch	hoch

Tabelle 1: Zusammenspiel der drei Informationsarten des Kovariationsmodells
(Quelle: Eigene Darstellung in Anlehnung an Fischer & Wiswede, 2009, S. 264)

Innerhalb eines ACs wird der Beobachtung eines Teilnehmers (z.B. eines Bewerbers) eine entscheidende Rolle zugeteilt. In Bezug auf die Durchführung von AC würden durch die Kausalanalyse mehrere separate Beobachtungen vorgenommen werden müssen, um zu einer aussagekräftigen Aussage zu kommen. Die Kausalanalyse soll nachfolgend anhand eines Beispiels dargestellt werden:
Teilnehmer A ist in der Gruppendiskussion sehr ruhig, zurückhaltend und nicht fähig adäquat an der Diskussion teilzunehmen. Die anderen Teilnehmer der Gruppendiskussion können relativ mühelos mit der Situation und dem gegebenen Sachverhalt innerhalb der Diskussion umgehen. Um die Aussagekraft eines zuvor festgelegten Kriteriums zu gewährleisten ist es nötig, dass zu verschiedenen voneinander unabhängigen Zeitpunkten gemessen wird. Dies kann durch den Vergleich mit einer anderen Aufgabe innerhalb des ACs geschehen. Beispielsweise hat der Teilnehmer zuvor schon bei einer anderen Aufgabe eher

zurückhaltendes und unsicheres Verhalten gezeigt und im Vergleich zu anderen Teilnehmern wird deutlich, dass er der Einzige ist, der der Aufgabe nicht gewachsen ist. Im Zeitverlauf variiert der Effekt nicht, da der Teilnehmer bei keiner der Aufgaben die Kriterien erfüllen konnte. Im Vergleich mit den anderen Teilnehmern lässt sich somit festhalten, dass der Effekt ausschließlich in Bezug auf die verschiedenen Teilnehmer variiert. Demnach ist Teilnehmer A nicht in der Lage die Aufgabe der Gruppendiskussion zufriedenstellend zu lösen. Die drei zentralen Arten nach Kelley lassen sich, wie folgt, auf das Beispiel anwenden:

Distinktheit: eine niedrige Distinktheit liegt vor, wenn der Effekt auf verschiedene Gruppendiskussionen zutrifft, wobei es keine Kovariation gibt. Wenn der Effekt bei einer spezifischen Gruppendiskussion auftritt, kann von einer hohen Distinktheit und Kovariation ausgegangen werden. Auf den Teilnehmer A bezogen würde es bedeuten, dass er die Gruppendiskussion nicht bestanden hat, alle anderen Teilnehmer aber schon. Um diese Information zu erhalten ist es erforderlich über verschiedene Entitäten hinweg Stichproben zu ziehen. Diese Information wird über das Sammeln von Stichproben in verschiedenen Situationen erhalten.

Konsistenz: dabei geht es um dieselbe beobachtete Person in derselben Situation, wie im Beispiel der Teilnehmer bei der Gruppendiskussion und, wie das Verhalten im Laufe der Zeit variiert. Eine niedrige Konsistenz würde bedeuten, dass der Teilnehmer die Aufgabe nur zu diesem einen Zeitpunkt nicht lösen konnte, dabei würde eine Kovariation vorliegen. Eine hohe Konsistenz wäre gegeben, wenn derselbe Effekt auch im Zeitverlauf immer wieder zu beobachten wäre und der Teilnehmer auch bei anderen Gruppendiskussionen dasselbe Verhalten zeigen würde. Beispielsweise, wenn Teilnehmer A auch bei anderen vorangegangen Gruppendiskussionen versagt hätte.

Konsensus: ein geringer Konsensus würde bedeuten, dass der Effekt nur bei der jeweiligen Person und nicht bei anderen zu beobachten wäre. Ein hoher Konsensus würde bedeuten, dass der Effekt auch bei anderen Personen zu beobachten ist. Dies würde bedeuten, dass nicht nur Teilnehmer A die Aufgabe nicht lösen kann, sondern auch die anderen Teilnehmer an der Gruppendiskussion scheitern. Hierbei würde keine Kovariation vorliegen. Konsensusinforma-tionen werden durch Stichproben über verschiedene Handelnde (Personen) hinweg gesammelt (Jonas Stroebe & Hewstone, 2014. S. 75 – 76).

Das Modell von Kelley unterstellt, dass eine kausale Attribution auf rationale und logische Weise vorgenommen wird (Fischer & Wiswede, 2009, S. 274). Allerdings sind Menschen in aller Regel weder systematisch noch logisch und treffen nur selten völlig rationale und objektive Bewertungen ihrer eigenen Umwelt. Die Verzerrungen und Urteilstendenzen, die zu falschen Schlussfolgerungen führen können, werden in Aufgabe zwei näher dargestellt. Ein Kritikpunkt an dem Modell findet sich in der Unvollständigkeit von Informationen. Diese fehlen Individuen häufig, dadurch dass sie nicht zur Verfügung stehen, keine Motivation, Zeit, Geduld oder Gelegenheit findet sich mit Konsensus, Distinktheit und Konsistenz durch häufigeres Beobachten zu beschäftigen. Demnach greifen Individuen auf ihre Erfahrungen, Meinungen und Schlussfolgerungen zurück, um die fehlenden Informationen und Ursachenfaktoren zu ergänzen (Kelley, 1973, S. 113; Jonas, Stroebe & Hewstone, 2014, S. 77). Hierbei kommt das Prinzip der kausalen Schemata von Kelley zum Tragen. Dabei wird zwischen dem Abwertungsprinzip und dem Aufwertungsprinzip differenziert. Nach dem Abwertungsprinzip ist es möglich einen Effekt mit bereits gemachten Erfahrungen zu erklären. Dann werden bestimmte Erklärungen für beobachtetes Verhalten ausgeschlossen. Das Aufwertungsprinzip beinhaltet sonstige Informationen, die zur Aufwertung einer bestimmten Ursache beitragen (Fischer & Wieswede, 2009, S. 268; Jonas, Stroebe & Hewstone, 2014, S. 78). Diese Prinzipien können ebenfalls Einfluss auf die Beobachter bei einem AC haben. Wenn ein Teilnehmer eine Aufgabe überdurchschnittlich schnell und durchdacht löst und gleichzeitig dem Beobachter bekannt ist, dass der Schwierigkeitsgrad dieser Aufgabe sehr hoch ist, kann der Bobachter naheliegend schlussfolgern, das der Teilnehmer über eine hohe Intelligenz und Geschick verfügt.

Kelleys Modell operiert innerhalb eines „Idealcharakters", bei dem eine kausale Attribution auf rationale und logische Weise vorgenommen wird (Fischer & Wiswede, 2009, S. 274). Allerdings treffen Individuen, wie dargestellt, selten völlig rationale und objektive Bewertungen ihrer eigenen Umwelt. Damit ist die Bewertung der Teilnehmer von ACs, auch der Objektivität des Beurteilers bzw. der Unfähigkeit selektive und subjektive Eindrücke gänzlich auszublenden, ausgeliefert. Die möglichen Verzerrungen und Urteilstendenzen, die zu falschen Schlussfolgerungen führen können, sollen im nachfolgenden Abschnitt erläutert werden.

2 Aufgabe 2

Im nachfolgenden Abschnitt dieser Arbeit sollen die verschiedenen möglichen Attributionsfehler aufgezeigt werden und am Beispiel eines Assessment Center die Problematik dieser verdeutlicht werden. Anschließend sollen Maßnahmen dargestellt werden, die im Rahmen eines Bewerbungsprozesses getroffen werden können, um Attributionsfehler zu kontrollieren bzw. zu minimieren.

Ziel eines Assessment Centers, und generell eines Bewerbungsprozesses, ist es eine objektive, rationale und gültige Messung zur Einschätzung einer Person vorzunehmen und gezeigtes Verhalten auf die korrekte Ursache zurückzuführen. Allerdings gehen Individuen in aller Regel weder gänzlich systematisch noch logisch vor, noch treffen sie völlig rationale und objektive Bewertungen der eigenen Umwelt. Wodurch subjektiv vorgenommene Bewertungen von Mitmenschen entstehen. Bei diesen Attributionsprozessen können verschiedene Verzerrungen und Urteilstendenzen auftreten, die zu falschen Schlussfolgerungen und somit zu fehlerhaften Einschätzungen führen. Diese Fehleinschätzungen beruhen meist auf subjektiven Wahrscheinlichkeiten, die auf Grundlage von unvollständigen Informationen zusammengesetzt werden. Diese Attributionsfehler (attributional biases) entstehen, wenn ein ansonsten korrektes Beurteilungsverfahren systematisch verzerrt wird (Jost, 2008, S. 291).

Mögliche Fehler und Verzerrungen im Attributionsprozess:
- Korrespondenzverzerrung / Fundamentaler Attributionsfehler („correspondence bias")
- Verzerrung aufgrund eines fehlerhaften Konsenses („false-consens bias")
- Selbstwertdienliche Attributionsverzerrung („self-serving bias")
- Attribitonsunterschiede zwischen Handelnden und Beobachter („actor-observer bias")

Der **fundamentale Attributionsfehler** beschreibt die Tendenz bei Attributionsprozessen, die Meinung der Persönlichkeit oder die Einstellung einer Person zu überschätzen und Situationsfaktoren, in der sich das zu beurteilende Individuum befindet, zu unterschätzen (Fiske, 2014, S. 114). Dieser Attributionsfehler kann innerhalb eines Bewerbungsprozesses dazu führen, dass beispielsweise

Unsicherheiten eher in der Person des Bewerbers, als in den situativen Faktoren, wie Stress, gesucht wird. Dabei wird das andere Individuum selbst für sein Verhalten verantwortlich gemacht und etwaige Umweltfaktoren (wie beispielsweise der Faktor Stress bei einem Bewerbungsprozess) werden außer Acht gelassen. Die Begründung dieses Attributionsfehler ist darin zu finden, dass es schwierig ist die Gesamtheit aller Umwelteinflüsse zu erfassen und die Auswirkung auf gezeigte Verhaltensweisen zu überprüfen (Aronsen, Wilson & Alert, 2014, S. 118, 119).

Die **selbstwertdienliche / selbstwertschützende Attributionsverzerrung** dient dem Ziel das eigene Selbstwertgefühl zu erhalten bzw. dieses zu steigern und hat demnach einen motivierenden Hintergrund. Persönliche Erfolge werden zu internalen Faktoren, wie beispielsweise den eigenen Fähigkeiten attribuiert, wohingegen Misserfolge eher externalen und variablen Faktoren, wie Zufall oder auch Pech zugeschrieben werden (Fiske, 2014, S. 120, Gerrig & Zimbardo, 2008, S. 640). In einem Bewerbungsprozess kann diese Verzerrung zu einer fehlerhaften Erklärung durch die Verzerrung der Fakten zu Ungunsten der Ursachen für Erfolg und Misserfolg führen. Beispielsweise können Bewerber erbrachte Leistungen eher den eigenen fachlichen Fähigkeiten und Kenntnissen zuschreiben und Misserfolg eher durch äußere Umstände begründet werden (Kühn, Platte & Wottawa, 2006, S. 112). Dadurch können von Entscheider und Bewerber falsche Erklärungen für Misserfolg oder Erfolg gefunden werden und eine Verzerrung zu Ungunsten der finalen Entscheidung entstehen.

Attributionsunterschiede zwischen Handelndem und Beobachter besagen, dass die Ursachen, die für Ergebnisse oder Handlungen verantwortlich gemacht werden, von der Attributionsperspektive abhängig sind. Innerhalb eines Bewerbungsprozesses wird der Entscheider verstärkt auf personale Attribution zurückgreifen und seine Aufmerksamkeit eher auf das Handeln und das Verhalten legen. Der Bewerber wird eher zu einer situativen Attribution neigen, wobei die Ursachenanalyse durch die Aufmerksamkeit auf die Umwelt erfolgt (Fiske, 2014, S. 115). Grundlage für diese Attribution ist zum einen, dass die Individuen bei der Beurteilung ihres eigenen Verhaltens über mehr Informationen verfügen, zum anderen liegt die Aufmerksamkeit bei der Beobachtung von anderen Menschen eher auf deren Person und weniger auf etwaigen Umwelteinflüssen (Jonas, Stroebe & Hewstone, 2014, S. 94 - 97). Durch die unterschiedlichen Perspektiven von Handelnden und Beobachter wird die Wahrnehmungsfokussierung auf das Verhalten verschoben, dies wiederum hat Auswirkungen auf die Verhaltensinterpretation (Jost, 2008, S. 292, 293).

Die **Verzerrung aufgrund eines fehlerhaften Konsens** beschreibt, wie der Prozess der Urteilsfindung durch persönliche Einstellungen, Erwartungen, Annahmen und Überzeugungen beeinflusst und verzerrt werden könnte. Im Bewerbungsprozess wird ein Entscheider Verhaltensweisen und Einstellungen eines Bewerbers besonders schätzen, die ihm ähnlich erscheinen. Abweichende Verhaltensweisen und Einstellungen werden dagegen als negativ bewertet (Schettgen, 1991, S. 127). Dadurch wird die Bewertung der Leistung des Bewerbers zum Positiven oder Negativen verzogen.

Fehleinschätzungen innerhalb eines Bewerbungsprozesses können oftmals nicht bedachte Konsequenzen bedeuten. Eine Fehlbesetzung ist zwar durch Kündigung oder Vertragsaufhebung korrigierbar, aber der Personalauswahlprozess ist wenig fehlerfreundlich, da er mit erheblichen Kosten verbunden ist. Die Einsicht, dass unterbewusste Einflüsse auf den Bewerbungsprozess Einfluss nehmen und ein Verständnis für die Entstehung selbiger, kann helfen, diese teilweise herauszufiltern, gegenzusteuern oder gar positiv zu beeinflussen (Mentzel, Grotzfeld & Haub, 2010, S. 188).
In einem Personalauswahlprozess wird gerne zusätzlich auf Einstellungstests oder Assessmentcenter zurückgegriffen, um durch ein standardisiertes Verfahren möglichst viele Informationen in eine Entscheidung einfließen zu lassen. Es wird in der Praxis allerdings keine fehlerfreie Beurteilung von Bewerbern möglich sein, da die Beurteilung von Mitmenschen immer einer subjektiven Verfälschung unterliegt. Ein Verständnis für die menschliche Wahrnehmung und die dabei möglichen Attributionsfehler können diese verringern, aber nicht gänzlich ausschließen. Die begrenzten und konditionalen Wahrnehmungsfähigkeiten können aber Fehleinschätzungen nicht vollständig erklären. Normative und kulturelle Faktoren tragen aufgrund von persönlichen Erwartungen und Annahmen, individuellen Interpretationen und Bedürfnissen ebenfalls zu einer selektiven

Wahrnehmung bei (Arnold, Eysenck & Meili, 1997, S. 169; Kelley, 1973). Die in Aufgabe Nummer eins dargestellte Attributionstheorie eignet sich eingeschränkt, um menschliches Verhalten zu erklären, sie ermöglicht es aber, das eigene Verhalten und das von anderen neu einzuschätzen und zu überdenken. Dies beinhaltet auch, dass ein Entscheider in einem Bewerbungsprozess lernt möglichst objektiv zu beurteilen. Im Nachfolgenden sollen Maßnahmen dargestellt werden, die im Rahmen eines Bewerbungsprozesses helfen können, Attributionsfehler zu kontrollieren bzw. zu minimieren.

Die individuelle Willenskraft
Individuen treffen innerhalb von Sekundenbruchteilen Entscheidungen, können diese aber auch bei vorhandener Motivation mit genügend kognitiven Ressourcen überdenken und somit eine andere Wahl und Entscheidung treffen (Schmid Mast & Krings, 2008, S. 7, 8). Bei einem Bewerbungsprozess kann dies bedeuten, dass eine getroffene Entscheidung überdacht und reflektiert wird und diese ggf. angepasst werden kann. Dies kann helfen einen Kandidaten neu einzuschätzen und zu bewerten, um eventuell zu einer anderen Entscheidung zu kommen. Ein Entscheider sollte dabei lernen kein Statement über einen Bewerber abzugeben, um seine Meinung bestmöglichst zu vertreten, sondern eine Beschreibung seiner Eindrücke.

Die Macht von Wissen
Ein essenzieller Faktor, um die eigenen Attributionsfehler zu überdenken und einzuschränken ist Wissen. Ein Entscheider, der versteht, wie die unterbewussten Prozesse der Attribution entstehen und ablaufen kann diesen auch entgegenwirken und einschränken. Für den Bewerbungsprozess kann das Hinterfragen der eigenen Ursachenzuschreibung bedeuten, dass der geeignetere Bewerber ausgewählt wird. Dieses Wissen sollte, sowohl verschiedene Modelle zur menschlichen Wahrnehmung, die möglichen Fehler und Verzerrungen im Attributionsprozess, als auch Gegenmaßnahmen beinhalten. Dabei ist die Offenheit und Lernbereitschaft gegenüber neuen Theorien und Ideen ausschlaggebend und Unternehmen müssen bereit sein ihre Entscheider systematisch und fundiert zu schulen (Lohaus & Schuler, 2014, S. 390).

Strukturierung und Verarbeitung von Daten

Die strukturierte Vorbereitung und strukturiertes gleichbleibendes Vorgehen bieten die Möglichkeit Informationen über Bewerber zu vergleichen und somit im Nachhinein zu reflektieren. Dabei sollte auch eine schriftliche Dokumentation der eigenen Gedanken und Einschätzungen erfolgen. Diese Dokumentation kann helfen die Beobachtung und Bewertung voneinander zu trennen, um die Subjektivität zu reduzieren. Eine schriftliche Dokumentation ermöglicht es zu einem späteren Zeitpunkt, die eigenen Einschätzungen zu überdenken und neu einzuordnen (Spisak, 2007, S. 2015). Darüber hinaus kann es helfen Persönlichkeitseigenschaften von Bewerbern nicht zu überschätzen und die Bewerbungssituation nicht zu unterschätzen. Dadurch kann eine Fehleinschätzung nicht ausgeschlossen, allerdings kann eine Verbesserung der Ausgangsposition erreicht werden (Spisak, 2007. S. 215, 216).

Das Nutzen von standardisierten Beurteilungsbögen oder Assessment Centern kann die persönliche Subjektivität weiter reduzieren (Von der Linde, Schussereit & Meifert, 2010, S. 87). Hierbei sollten auch messbare Qualifikationen und Leistungsmerkmale überwiegen. Dabei werden als Kompetenz nicht nur das reine Faktenwissen verstanden, sondern auch die Kompetenz gezielt eine Lösung zu erarbeiten (Bierhoff & Herner, 2002, S. 121). Die benötigten Kompetenzen sollten vorab in Anforderungsanalysen für die zu besetzende Stelle festgelegt werden. Ein standardisiertes und dokumentiertes Sammeln von Daten, kann die impulsgesteuerte Beurteilung von Bewerbern weiter einschränken. Dies kann durch standardisierte Interviewleitfäden unterstützt werden, als Beispiel eignen sich dafür multimodale Interviews. Diese beinhalten verschieden strukturierbare Abschnitte, wie die Selbstpräsentation des Bewerbers und die Vorstellung von Unternehmensseite (Nerdinger, Blickle & Schaper, 2014, S. 248).

Grundlegend sollten dabei die Objektivität, Reliabilität und Validität sein. Dabei wird unter Objektivität die Unabhängigkeit des erzielten Ergebnisses von der Person, welche die Beurteilung oder den Test durchgeführt hat verstanden. Demnach kann nur von Objektivität gesprochen werden, wenn verschiedene Personen zu gleichen Ergebnissen kommen. Die Reliabilität bezieht sich darauf, inwieweit Messergebnisse, die unter gleichen Bedingungen mit identischen Messverfahren, zu vergleichbaren Ergebnissen kommen. Die Validität beschreibt mit welcher Genauigkeit ein Messinstrument, ein Merkmal misst (Kauffeld, 2019, S.

148). Durch den Einsatz von festgelegten Gütekriterien kann ein sauberer und nachvollziehbarer Prozess gewährleistet werden, bei dem Attributionsverzerrungen durch das Einhalten von Standards verringert werden können.

Beurteilungen von Bewerbern
Bei Bewerbungsprozessen und generell Bewerbungen ist es immer sinnvoll diese zu zweit zu durchlaufen (mindestens zwei Bewerter). Die Meinung und Einschätzung einer zweiten Person kann helfen, die eigene zu überdenken, Unbedachtes in Überlegungen mit einzubeziehen oder neue Blickwinkel einzunehmen. In der Praxis könnte dies bedeuten, dass sich der Fachbereich und die Personalabteilung diese Aufgabe teilen und über ihre gemachten Einschätzungen und Meinungen über den Bewerber austauschen. Dabei sollten auch die Rahmenbedingungen einer Situation (z.B. des Bewerbungsgespräches) hinterfragt und mit einkalkuliert werden und nicht nur das Verhalten eines Bewerbers, um die Beweggründe zu verstehen. Beispielsweise wird ein Bewerber, der sich um einen Ausbildungsplatz bemüht, sicher nervöser und weniger kalkuliert agieren als ein gestandener Manager. Durch eine gemeinsame Feedbackrunde ist es möglich über die eigene Einschätzung zu reflektieren und den ersten Eindruck zu überdenken. Hierbei sollten auch Selbstkritik und das Hinterfragen von Entscheidungen nicht zu kurz kommen.

Der „Human Faktor" wird immer eine Rolle im Prozess der Stellenbesetzung spielen. Menschen bewerten, analysieren und arbeiten mit Menschen, innerhalb dieser Interaktionen, wird es immer wieder zu Fehleinschätzungen kommen. Attributionsfehlern kann nur durch Wissen und Erfahrung gezielt gegengesteuert werden. Strukturierte Vorgehensweisen und Tools, wie Assessment Center können dabei unterstützen Fehlentscheidungen weiter einzugrenzen. Dies bezieht auch die Bereitschaft von den Entscheidern mit ein, sich mit der Thematik der eigenen natürlichen Fehlbarkeit auseinanderzusetzen und den Willen gezielt dagegen zuarbeiten.

3 Aufgabe 3

Im abschließenden Teil dieser Arbeit soll der Begriff „Sensation Seeking" nach Zuckerman definiert werden. Anschließend soll darauf eingegangen werden, was die „Sensation Seeking Scale" misst und wie eine Person mit hohen Werten auf dieser Skala beschrieben werden könnte. Abschließend soll, basierend auf den gewonnenen theoretischen Erkenntnissen dargelegt werden, welchen Nutzen dieses Konzept für die Praxisanwendung haben kann.

Das Konstrukt von Sensation Seeking (Sensationslustsuche) geht auf den amerikanischen Psychologen Marvin Zuckerman (1964) zurück, welcher folgende Definition festlegte: „Sensation Seeking is a trait defined by the seeking of varied, novel, complex, and intense sensations and experiences, and the willingness to take physical, social, legal, and financial risks for the sake of such experiences" (Zuckerman, 1994, S. 27). Das Konstrukt, welches ein Persönlichkeitsmerkmal beschreibt, ist durch das Bedürfnis geprägt, fortwährend neue Erlebnisse zu erfahren, um ein bestimmtes Spannungs- und Erregungsniveau aufrecht zu erhalten. Wobei nicht nur risikoreiches Verhalten, wie Rauchen, Drogenkonsum oder schnelles Fahren dieses Spannungsniveau aufrechterhält, sondern z.B. auch das risikolose Anschauen von erotischen- oder gewalttätigen Filmen (Zuckerman, 2007a, S. 49). Dieses Spannungsniveau variiert von Individuum zu Individuum. Als optimales Spannungsniveau wird das angesehen, welches weder zu wenige noch zu starke Reize aus der Umgebung bietet. Demnach hat jede Person einen individuellen Idealwert an Stimulation für die Aktivierung des Nervensystems (Zuckerman et al., 1964). Dieser Idealwert ist abhängig von Faktoren, wie Lebenserfahrung und Alter, wobei die Ausprägung des Merkmals mit zunehmenden Alter abnimmt und im Teenageralter (zwischen 14 – 19 Jahren) seinen Höhepunkt erreicht (Herzberg & Roth, 2014, S. 15).

Die Gründe für Sensation Seeking sind vielfältig und nicht abschließend erforscht. Der aktuelle Stand der Forschung sieht für das High Sensation Seeking die Ursache in einer genetischen Disposition, in dem, entweder eine zu geringe Konzentration des Neurotransmitters Noradrenalin im limbischen System vorherrscht oder das noradrenerge System unempfindlicher gegenüber

Stimulationen reagiert und deshalb durch Stimulation versucht wird, den Noradrenalin-Spiegel zu erhöhen (Raab, Unger & Unger, 2010, S. 156).

Generell kann zwischen zwei Arten von Sensation Seekern differenziert werden: „High Sensation Seeker" und „Low Sensation Seeker". Wobei die grundlegende Ausprägung des Sensation Seekings ein über die Zeit weitgehend stabiles individualpsychologisches Merkmal darstellt (Heck, 2018, S. 36). Zuckerman selbst ersetzte den Begriff „Bedürfnis" (bzw. „need" im Englischen) im Zusammenhang mit Sensation in späteren Publikationen aus zwei Gründen: erstens, um nicht fälschlicherweise zu betonen, dass es eine zwanghafte Bedeutung beinhalten könnte „[...] but the activity of sensation seekers does not seem to be characterized by the qualitiy of compulsion" (Zuckerman, 1994, S. 26) und zweitens, um mit dem Terminus „Seeking" stärker die Aktivitäten des Individuums hervorzuheben. Demnach wird die Stimulation, die ein Individuum anstrebt durch aktives Handeln und Verhalten hervorgerufen und weniger durch eine zwanghafte Handlung.

Low Sensation Seeker sind durch die Überstimulation von Reizen schnell überwältigt, wodurch es von hoher Wichtigkeit ist, dass ihr Leben eine Konstanz (reizarme und routinierte Lebensweise) aufweist und sie eher selten mit neuen und aufregenden Situationen konfrontiert werden. Durch die Konfrontation mit neuen und aufregenden Situationen ist die zentralnervöse Verarbeitung schnell überfordert, wodurch es in Folge zur inneren Unruhe und Angstzuständen kommen könnte (Reeh, 2005, S. 68).

Im Gegensatz suchen High Sensation Seeker bewusst und gezielt nach herausfordernden Situationen und zeichnen sich durch eine schnelle Habituationsrate (Gewöhnungseffekt) aus, weswegen sie immer neue und verschiedenartige Stimulationen und Erfahrungen suchen und dabei bereit sind, Risiken jeglicher Art einzugehen. Dabei reagiert ihr zentrales Nervensystem positiv auf intensive Reize, sodass Glücksgefühle entstehen. Darüber hinaus konnte ein Zusammenhang zwischen einer hohen Ausprägung von Sensation Seeking mit stressreduzierten Effekten und einer höheren Resilienz festgestellt werden (Reeh, 2005, S. 69).

Um das Persönlichkeitsmerkmals Sensations Seeking wissenschaftlich zu erfassen wurde die Sensation Seeking Scale (SSS) entwickelt. Zuckerman unterteilte sein Modell dafür in vier Subskalen:

- Thrill and Adventure Seeking (Gefahr- und Abenteuersuche): beschreibt die Tendenz gefährliche Stimuli aufzusuchen (z.b. Extremsportarten)
- Experience Seeking (Erfahrungssuche): beschreibt das Aufsuchen und Ausleben eines nonkonformistischen Lebensstils (z.b. Drogenkonsum) und beinhaltet „[...] seeking sensation and new experiences throuch the mind and the senses (music, art, travel [...]" (Zuckermann, 2007a, S. 13)
- Disinhibition (Enthemmung): beschreibt die Tendenz nach Stimulation durch sozial und sexuell enthemmten Verhalten zu suchen
- Boredom Suspectibility (Empfänglichkeit für Langeweile): Beschreibt die Abneigung gegen Wiederholungen und Routinen (wie beispielsweise Routinearbeiten) (Zuckerman, 2007a, S. 13)

Um die Maße der Ausprägung, die Sensation Seeking erreicht, messbar zu machen, entwickelte Zuckerman die so genannte Sensation Seeking Scale. Die Daten werden anhand eines Fragebogens erfasst. Wobei der aktuellste der SSS-V ist, welcher über die letzten Jahrzehnte immer wieder überarbeitet wurde (Zuckermann, 2007b). Der aktuelle Fragebogen enthält 40 Items, die jeweilig den oben dargestellten Subskalen zugeordnet sind und je zwei Antwortmöglichkeiten enthalten (Roth & Hammelstein, 2003, S. 12–14; Zuckerman, 2007a, S. 38).

Eine Person mit hohen Werten auf der SSS lässt sich, wie folgt, darstellen: Nach Zuckermann ist das Leben von High Sensation Seekern durch wenig Beständigkeit geprägt und weist viele Veränderungen auf (Zuckermann, 1994. S. 374). Die Sensation Seeking betrifft alle Ebenen des Lebens und beinhaltet unter anderem die Teilnahme an riskanten Sportarten und Fahrverhalten, die Wahl des Berufs und sozialer Kontakte, sowie auch eine höhere Bereitschaft legale und illegale Drogen zu konsumieren. Dies wird oftmals in Verbindung zu einem verminderten Angstempfinden, leidenschaftlicher Hingabe, erhöher Aktivität, Impulsivität und Risikobereitschaft, sowie Extrovertiertheit gebracht. High Sensation Seeker sind permanent auf der Suche nach neuen Erfahrungen, um das gewünschte Stimulationsniveau aufrechtzuerhalten (Zuckerman & Link, 1968, S. 421). High Sensation Seeker sind nicht psychologisch oder physiologisch erkrankt, auch wenn ein Bezug zu negativ konnotierten Verhaltensweisen (z.B. Drogenkonsum) besteht (Biermann & Kreitling, 2014; Heck, 2018, S. 37). Wie vorab dargestellt, erfolgt die Bewertung von Sensation Seeking mit Hilfe von Subscalen. Innerhalb dieser Scalen haben demnach High Sensation Seeker hohe Werte. Wobei Männer durchschnittlich höhere Werte auf der Skala erreichen als Frauen (Heck, 2018, S. 36).

Das Konzept des Sensation Seeking hat verschiedenen Nutzen für die Praxis. Primär soll damit die Bestimmung von Vorhersagen für menschliche Verhaltensweisen ermöglicht werden. Das Konzept ist für Forschungsbereiche, die sich unter anderem mit menschlichen Süchten, Marketing, aber auch Personalbeschaffung und –entwicklung beschäftigen, interessant. Es ist auch möglich, die Ausprägung für zuvor definierte Gruppen vorzunehmen. Dies ermöglicht den Einsatz z.B. im Bereich der Suchtpräventation. Zuckerman widmet dem Thema Sensation Seeking und riskantes Verhalten mit „Sensation Seeking and risky behavior" (2007a) ein ganzes Buch. In den einzelnen Kapiteln setzt er sich mit unterschiedlichen Risikoverhalten in Bezug auf Sensation Seeking auseinander. Dies beinhaltet unter anderem riskantes Fahren, Drogenkonsum und antisoziales Verhalten. Im Bereich des Human Ressources kann es helfen, um bei der Personalauswahl und -entwicklung zu unterstützen. Studien konnten inzwischen belegen, dass unter den Mitarbeitern von Feuerwehr und Rettungsdienst eine höhere Anzahl von High Sensation Seekern zu finden ist als in anderen Berufsgruppen (Tschiesner, 2012, S. 33). Im militärischen Bereich hilft das SSS, zu klären, wie risikoreich Individuen in Stresssituationen handeln.

Literaturverzeichnis

Arnold, W.; Eysenck H. J. &, Meili, R. (1997). *Lexikon der Psychologie Band 1-3*. Eltville am Rhein: Bechtermünz.

Aronson, E., Wilson, T. D. & Alert, R. M. (2014). *Sozialpsychologie.* (8 Aufl.). Hallbergmoos: Pearson.

Asch, S. E. (1946). Forming impressions of personality. *Journal of Abnormal and Social Psychology*, 41, 258-290.

Bierhoff, H. & Frey, D. (2011). *Sozialpsychologie – Individuum und soziale Welt* (1. Aufl.). Göttingen: Hogrefe Verlag.

Bierhoff, H. & Herner, M. (2002). *Begriffswörterbuch Sozialpsychologe.* Stuttgart: W. Kohlhammer.

Biermann, T. & Kreiling, H. (2014). Höher, weiter, extremer! Jammern ist für Kinder. *Welt Online*. Abgerufen am 30.01.2021. Verfügbar unter https://www.welt.de/sport/article123538372/Hoeher-weiter-extremer-Jammern-ist-fuer-Kinder.html

Fischer, L. & Wiswede, G. (2009). *Grundlagen der Sozialpsychologie.* (3., völlig neu bearbeitete Auflage). München: Oldenbourg Verlag.

Fiske, S. T. (2014). *Social Beings Core Motives in Social Psychology.* Third Edition. Princeton University.

Gerrig, R. & Zimbardo, P. G. (2008). *Psychologie.* Hallbergmoos: Pearson.

Hartung, J. (2006). *Sozialpsychologie*. 2. Aufl. Stuttgart: Kohlhammer.

Heck, R. B. (2018). *Selbstkontrolle und Sensation Seeking: Protektive Faktoren in Stresssituationen?* Dissertation. Heidelberg: Ruprecht-Karls-Universität Heidelberg.

Herzberg, P. & Roth, M. (2014). *Persönlichkeitspsychologie. Basiswissen Psychologie.* Wiesbaden: Springer Verlag.

Jonas, K.; Stroebe, W. & Hewstone, M. (2014). *Sozialpsychologie.* (6. Aufl.). Berlin / Heidelberg: Springer Verlag.

Jost, P. J. (2008). *Organisation und Motivation: Eine ökonomisch-Psychologische Einführung.* Wiesbaden: Springer Gabler.

Kauffeld, S. (2019). *Arbeits-, Organisations- und Personalpsychologie für Bachelor.* (3. Aufl.). Berlin: Springer-Verlag.

Kelley, H.H. (1973) The Processes of Causal Attribution. *American Psychologist*, 28, 107–128.

Kühn, S., Platte, I. & Wottawa, H. (2006). *Psychologische Theorien für Unternehmen.* Göttingen: Vandenhoeck & Ruprech.

Lohaus, D. & Schuler, H. (2014). Leistungsbeurteilung. In Schuller, H. & Kanning, U. P. (Hrsg.). *Lehrbuch der Personalpsychologie.* S. 357 – 412. Göttingen:

Mentzel, W., Grotzfeld, S. & Haub, C. (2010). *Mitarbeitergespräche.* (9. Aufl.). Freiburg: Haufe.

Meyer, W. U. & Schmalt H. D. (1978). In Frey. D. (Herg.). *Kognitive Theorien der Sozialpsychologie.* Bern: Huber Hans.

Nerdinger, F.; Blickle, G. & Schaper, N. (2014). *Arbeits- und Organisationspsychologie.* (3. Aufl.). Berlin, Heidelberg: Springer.

Parkinson, B. (2014). Soziale Wahrnehmung und Attribution. In Jonas, K., Strebe, W. & Hewstone, M. (Hrsg.): *Sozialpsychologie.* (S. 65 – 106). Berlin Heidelberg: Springer.

Paschen, M.; Beenen, A.; Turck, D. & Stöwe, C. (2013). *Assessment Center professionell. Worauf es ankommt und wie Sie vorgehen.* (3., überarbeitete und erweiterte Auflage). Göttingen: Hogrefe Verlag.

Raab, G., Unger, A., & Unger, F. (2010). *Marktpsychologie.* Wiesbaden: Gabler.

Reeh, T. (2005). *Der Wunsch nach Urlaubsreisen in Abhängigkeit von Lebenszufriedenheit und Sensation Seeking.* Dissertation. Göttingen: Georg-August-Universität Göttingen.

Roth, M. & Hammelstein, P. (2003). *Sensations Seeking – Konzeption, Diagnostik und Anwendung.* Göttingen: Hogrefe.

Schettgen, P. (1991). *Führungspsychologie im Wandel. Neue Ansätze in der Organisations-, Interaktions- und Attributionsforschung.* Wiesbaden: Springer.

Schmid Mast, M. & Krings, F. (2008). Stereotype und Informationsverarbeitung. In Petersen, L. E. & Six, B. (Herg.). *Stereotype, Vorurteile und soziale Diskriminierung. Theorien, Befunde und Interventionen.* (S. 33 – 44). Basel, Switzerland: Beltz Verlag.

Schuhmacher, F. (2014). *Assessment Center und Risikomanagement bei Personalentscheidungen. Leitfaden zur Anwendung.* (2., Aufl.). Wiesbaden: Springer Gabler.

Spisak, M. (2007). Wie soll ich Mitarbeiter treffend einschätzen? In Spisak, M. & Della Picca, M. *Führungsfaktor Psychologie.* (S. 197 – 184). Berlin, Heidelberg: Springer.

Stürmer, S. (2009). *Sozialpsychologie. Mit 12 Abbildungen, 3 Tabellen und 48 Übungsaufgaben* (UTB, Bd. 3179). München u.a.: Reinhardt.

Tschiesner, R. (2012). Sensation Seeking, Traumaerleben und Bewältigungsstrategien: eine empirische Untersuchung an Einsatzkräften. *Neuropsychiatrie*, 26(1), S. 28 - 34.

Von der Linde, B., Schusstereit, S. & Meifert, M. T. (2010). *Personalauswahl. Schnell und sicher Top-Mitarbeiter finden.* Freiburg Berlin München: Haufe.

Werth, L. & Meyer, J. (2008). *Sozialpsychologie.* Springer: Berlin.

Zuckerman, M. (1994). *Behavioral Expression and Biosocial Bases of Sensation Seeking.* Cambridge. University Press.

Zuckerman, M. & Link, K. (1968). Construct validity for the Sensation-Seeking Scale, *Journal of Consulting and Clinical Psychology*, 32. Jg., Nr. 4, 420–426.

Zuckerman, M. (2007a). *Sensation seeking and risky behavior.* Washington: American Psychological Association.

Zuckerman, M. (2007b). The sensation seeking scale V (SSS-V): Still reliable and valid. *Personality and Individual Differences.* 43 (5). 1303–1305.

Zuckerman, M., Kolin, E. A., Price, L. & Zoob, I. (1964). Development of a Sensation-Seeking Scale. *Journal of Consulting Psychology*, 28, 477-482.

BEI GRIN MACHT SICH IHR WISSEN BEZAHLT

- Wir veröffentlichen Ihre Hausarbeit, Bachelor- und Masterarbeit

- Ihr eigenes eBook und Buch - weltweit in allen wichtigen Shops

- Verdienen Sie an jedem Verkauf

Jetzt bei www.GRIN.com hochladen und kostenlos publizieren